小さな経営論

人生を経営するヒント

藤尾秀昭

致知出版社

「小さな経営論」

「経」とは、たて糸のことである。
道という意味もある。
すなわち、時代や場所が違っても変わることなく
通用する原理のことを「経」という。
その不変の道、原理を営み、実践していくこと——
それが経営の本義ともいえる。

経営は会社だけのものではない。
私たちは自分をつくり、
自分の人生を経営しなければならない。

小さな経営論——人生を経営するヒント＊目次

第一章　人生発展の法則

第二章

人間という奇蹟を生きる

第三章

人間を高める六つの行

第四章

人生経営の要諦――誠を貫いて生きる

装　幀——川上成夫
編集協力——柏木孝之

第一章

人生発展の法則

おはようございます。

今から縁あってみなさんに話をさせていただくわけですが、みなさん、言葉というものは不思議ですね。

人は一生のうち、どのくらいの言葉に出会うのでしょうか。おそらく、無数、無限の言葉と出会うのだと思います。

その無数、無限の言葉と出会う中で、あるとき、ストーンと心に落ちる言葉がある。心の土壌に言葉の種がうまく合致したとき、その言葉はその人の心の中で大きく育ち、その人の運命をも形づくっていくものとなる。

どうも言葉とはそういうもののようです。

みなさん、言葉というのは聞くだけでは駄目なんです。自分の心の中にストーンと入るかどうかなんです。心の中にストーンと言葉が入ったとき、その言葉はその人を生かしていくエネルギーのもとになるんですね。

そういう言葉を今日は一つだけでも持って帰っていただきたいと思っています。

二十歳の決意表明

人の心は絶えず乱れるものですね。あっちへ行ったり、こっちへ行ったり絶えず揺れ動いています。その乱れる心の焦点をぴしーっと定める。それが志というものです。

「志」という字を見てください。「十」を書いて「一」を書いて

「心」と書くでしょう。「十ある心を一つに定めていく」のが志なんですね。常にチラチラと散らばっていく心をまとめて一本に絞りあげていく。それが志なんです。

そして、心の焦点を一つに定める志を立てることを「立志」といいます。

いいかえれば、立志とは人生に対する決意です。人生に対して、自分はこういう生き方をすると決意をして、覚悟を決めていくことが立志なんです。

自分はこういう生き方をしようと一本に絞って、決意して、覚悟を決めたときに、初めてその人の中に「立志」というものが成立するわけですね。

これが人生の根本なんです。

京都大学の総長をされた故平澤興《こう》先生は、二十歳の元旦未明に起きて、天地神明を拝して座右の銘を墨書《ぼくしょ》したといいます。すごいでしょう、みなさん。二十歳の青年が、元旦の二時か三時に起きて、水をかぶって、墨を磨《す》って、「自分はこの一年、こういう生き方をしよう」と座右の銘を書いたんです。

では、この平澤興先生が二十歳の元旦の未明にどんな言葉を書いたのか、どんな決意表明をしたのか。

次のように書いたんですね。

「常に人たることを忘るること勿《なか》れ。他の風俗に倣《なら》うの要なし。人

格をはなれて人なし。ただ人格のみ、永久の生命を有す。（略）

常に高く遠き処《ところ》に着目せよ。汝若《なんじも》し常に小なる自己一身の利害、目前の小成にのみ心を用いなば、必ずや困難失敗にあいて失望することあらん。然《しか》れども汝もし常に真によく真理を愛し、学界進歩のため、人類幸福のため、全く小我をすてあくまでも奮闘し、努力するの勇を有さば、如何《いか》なる困難も、如何なる窮乏も、汝をして失望せしむるが如《ごと》きことなからん。真の大事、真に生命ある事業はここに至ってはじめて正しき出発点を見出したりというべし。

進むべき　道は一筋　世のために
いそぐべからず　誤魔《ごま》かすべからず」

これだけのことを、二十歳のときに書いたんですよ。すごいでしょう、この青年。

私は平澤先生が二十歳のときに書いた「進むべき　道は一筋　世のために　いそぐべからず　誤魔かすべからず」という言葉に今も感動します。


平澤先生が後年、あれだけの人格者になられた原点は、この二十歳のときの立志にあると思います。

二十歳の青年が元旦の未明に起床し、自分の決意表明として、進むべき道はただ一筋、世のために、急いだらいかん、誤魔かしてはいかん、と書いているというのは大変なことだなぁと感動するんです。

私自身、密かにこの言葉を手帳に記し、自身の範としています。

自分一人の時間に何をするか

私は五十歳を過ぎた頃から、古典が面白くなってきました。それは古典の言葉が深い趣《おもむき》をもって自分に響いてくるということです。若い頃は頭でしか理解できていなかった言葉を、いろいろな人生体験を経てくることで、体全体で受けとめるようになったからだと思います。

けれども、五十歳を過ぎたら全員が古典を面白く感じるかというと、そうではありません。やっぱり二十代、三十代のうちに古典にふれている人が、五十代ぐらいになって「短い言葉の中にこれだけの意味が詰まっているのか」と感激するんです。

私も職業柄、若い頃からいろいろな先輩方に会って、古典の言葉を聞いていました。それが本当に自分で面白くなってきたのが五十歳を過ぎてからです。

みなさんの中にも、五十歳になったときに、「あぁ、そういえば何十年か前に藤尾という男が、五十歳を過ぎると古典が面白くなったという話をしていたなぁ」と思う人が出てくるかもしれません。

そこで今日は、二十代、三十代のみなさんに、人生はこれが大事ではないかと私が思うことをお話ししたいと思います。

こういう言葉があるんですね、

「無冥冥之志者無昭昭之明　無惛惛之事者無赫赫之功」

「冥冥《めいめい》の志なき者は、
昭昭《しようしよう》の明なく、
惛惛《こんこん》の事なき者は、
赫赫《かくかく》の功《こう》なし」

と読みます。

これは『荀子《じゆんし》』という本の中に出てくる言葉です。

「惛惛」というのは、「昏睡」という言葉がありますけれど、「暗い」という意味なんです。「冥冥」も同じで、「暗い」ということ。

要するにこれは、「誰も見ていない」という意味です。

だから、「冥冥の志なき者は、昭昭の明なく」というのは、心の中で密かに志を抱いて努力して励んでいこうという気持ちを持たない者には輝かしい名誉などは表れてこない、といっているわけです。次の「惛惛の事なき者は、赫赫の功なし」というのは、目立たない誰も見てないところで一所懸命、善行や努力を積み重ねていない者には明らかな功績などは表れてこないよ、といっているわけです。

簡単にいえば、「自分一人の時間に何をしているか」ということです。みんなのいる前ではなくて、自分一人の時間。これは「冥冥惛惛」でしょう。誰も見ていない時間でしょう。

そういう時間に、自分は何をしているのか。そこで一所懸命努力していると、それが後々、昭昭の明とか赫赫の功になって表れてくるんだよ、と。

逆に、そういう一人のときにいい加減なことをしていたら、昭昭の明も赫赫の功も絶対に表れてこないよ、ということです。

一人になった時間にどういう思いで生きているか。それが大事だというんです。それが「冥冥の志なき者は、昭昭の明なく、惛惛の事なき者は、赫赫の功なし」という言葉になるんです。

自分が一人だけの時間に何をしているか、それは自分だけが知っているでしょう。その一人だけの時間に自分がどんな思いを持っているか、それがその人の運命を決めていきますよ、という意味です。

平澤興先生は二十歳のとき、誰も見ていない元旦の未明に起きて、水をかぶって自分の決意表明を墨書するんです。これは「冥冥の志、惛惛の事」です。

平澤先生という人は、そういうものをずーっと続けていって、人格体を形成していったわけです。誰も見ていないところでやっているわけですね。

誰も見ていないときに自分は何をしているか。自分を高めるような勉強をしているか。誰も見てないからと思って、いい加減なことをしていないか。

それが人生、運命を全部決めてしまうというのが、この『荀子』の言葉の意味です。

一人の時間をどうやって使っているかが人生を決める、運命を決めるということですよ。

社長が見ているから、誰かが見ているからじゃなくて、誰も見ていない、天地しか見ていない。その時間に自分が何をしているか、それが人生を決めてしまう。

「無冥冥之志者無昭昭之明　無惛惛之事者無赫赫之功」

これは短いけれど非常に含蓄のある言葉だと思います。

開花に十年かかる人間の花

私が編集長になったばかりの頃、津上《つがみ》という会社に大山梅雄さんという大変バイタリティのあるオーナー経営者がいました。大山さんは当時、赤字会社をどんどん吸収して、黒字会社にしていって脚光を浴びた経営者でした。今でいえば、日本電産の永守重信さんみたいな人です。

その大山梅雄さんに私がインタビューしたんです。

まだ若かった私は、

「あなたは赤字会社を引き受けて、どんどん黒字会社にしているけれど、どうしてそういうことができるんですか。その秘訣《ひけつ》は何ですか」

と聞きました。

そのときに大山梅雄さんがいった言葉を私はまだ覚えています。忘れられないんです。その言葉がストーンと心に落ちたんです。

大山さんはこういいました。

「うん、赤字会社を黒字会社にする秘訣は、自分もわからん。ただ自分はこの何十年、毎朝やっていることがある。それは、朝起きたら自分の家から丘の上まで歩いていくんだ。その丘の上に立ったら六時何分に太陽がぱーっと昇ってくる。その太陽を毎日拝む。天気のいい日だけじゃないよ、雨の日も曇りの日も嵐の日も。雨が降ってても、嵐の日だって、雲の向こうには太陽が出ている。だからその時間になったら、どんな天気でも丘の上に行って拝む。秘訣といえばこれかなあ」

大山さんは毎朝、雨が降っていても丘の上まで歩いていって、太陽が昇ってくる時間になったら、太陽と心を合わせて自分を励ましたというんです。

これ、誰に頼まれたわけじゃないでしょう。

「冥冥の志、惛惛の事」とはこういうことをいうのだと思います。そういう積み重ねが運命というものを招来していく。自分が一人のときに何をしているかが大事なんですね。

「桃栗三年柿八年」という言葉がありますね。桃や栗は実がなるまでに三年かかる、柿は実がなるまでに八年かかる。私は今までにいろいろな人を見たり、あるいは意見を聞いたりしてきたけれど、人間の花は十年後に咲くんです。

二十代で一所懸命やっていても、すぐには咲かないんです。二十代で「冥冥の志、惛惛の事」をずーっとコツコツコツコツと毎日やっていったら、それが十年後に花開くんです。

努力したからといって、人間の花はすぐには咲くものではありません。特に自分自身の人格なんて、すぐには変わらない。十年経《た》ったら、ちょっと薄皮を剝《は》ぐように変わっていくんです。

だから人間の花は、「よし、やるぞ!」と決意して三年ぐらい経ったときに「三年経っても効果がない」とやめてしまったら駄目なんですよ。

花が咲くまで十年かかる。毎日一所懸命、人が知らないところでコツコツコツコツ、誤魔かさないで急がないでやっていったら、十年後に花が咲くんです。

みなさんが今日から毎日一人の時間に自分を高めるべく何か勉強をしていったら、その行為は十年後の花になって咲いていく。これは知っておいたほうがいいですね。すぐには咲かない、十年後に咲く。

人生の成功とは

今日私に与えられたテーマは「成功の条件」です。

みなさん、「成功」って何でしょうか。

手元の辞書を引きますと、

「目的を達成すること。転じて地位や富を得ること」

と出ています。

事実、若い人たちに「成功とは何ですか」と聞くと、「お金持ちになること」とか「豊かな生活をすること」といいます。

あるいは「夢を実現すること」という人もいます。

しかしそういうことが果たして本当の成功かというと、どうもそうではないのではないかと思うのです。

先日、瀬戸内寂聴《じゃくちょう》さんの本をたまたま読んでいました。

瀬戸内さんは二十何歳かで結婚するんです。それで子供が生まれる。ご主人はいいご主人なんです。

だけど瀬戸内さんは、体の中に「有名な作家になりたい。自分には絶対に作家になれる才能がある」と滾《たぎ》ってくるものがあった。それが高じて、ついにはご主人と子供を捨てて家出してしまうんです。そして作家の道を一筋に歩んでいく。

そして、その熱烈な思いと努力が実り、四十代の頃には、連載を何本も持ち、書く本はベストセラーになり、いわゆる流行作家になるんです。周りからは「先生、先生」と呼ばれてね。自分がこうありたいと思っていたことをすべて実現したんです。

そんな状況の中で、瀬戸内さんの心の中に虚無感が走るんですね。

自分はこんなふうになるために、人のいい亭主と可愛い子供を捨てて家出してきたのか。

ものすごく虚しくなって、自殺しようとするんです。自分の理想、夢が全部実現して、文句がないという生活の中で絶望感に襲われて、自殺しようとする。

わかりますか？　そういうものの中に本当の人生の成功はないということを、この瀬戸内さんの事例は教えてくれているように思います。

たまたまそのときに縁があって、瀬戸内さんは自殺をやめて出家に気持ちが変わるんです。それで頭を剃《そ》って尼さんになって、今の瀬戸内寂聴さんになるわけですね。

だから、瀬戸内さんは今、幸せな人生を送っておられるのだと思います。本当の意味で成功しているんだと思います。

命のエネルギーを何に使うか

みなさんの中で、家族とか親戚とか、身近な方が亡くなったという人はいませんか。

私の会社の社員が、この年末に亡くなりました。私よりひとまわり若い女性ですけれど、癌《がん》で。去年の一月に出社してきたきり、一年ぐらい闘病生活をしていました。癌があちこちに転移して十二月に亡くなりました。

その社員から十二月の二十何日かに電話がかかってきたんです。

「社長、私、元気です」っていうんですよ。

「あぁそうか、元気になってよかったな」

「私、社長の声聞いたらもっと元気になると思ったから電話したんです。私、元気です。私、個室にいますから電話ができるんです」

そのときの声がおかしいなと感じたのですが、

「そうか、頑張りなさい」

といって電話を切りました。

しばらくして、あっ、ひょっとしたらあの電話はお別れの電話だったのかなと思いました。

個室から電話してきているということは、今まで相部屋にいたわけでしょう。個室に移ったということは、病院がもうそういう判断をしたのではないかと。

個室に移って一人になった彼女が何か思うところがあって、「私、元気です」と電話をしてきた。元気ですと私にいうことで、もう一度、元気を自分の体に取り戻したかったのかもしれません。

彼女は、その三日後に亡くなりました。

私はどうしても外せない出張が入っていて葬式には出られないので、前の晩に行ったんです。遺体が置いてありました。きれいな顔をしていました。

十年ぐらい一緒に働いた社員でした。私、側《そば》へ行って顔を触りました。長い間、苦しんでかわいそうだったなぁと。なんともいえない冷たさでした。冷たいっていう表現を超えた冷たさです。

「幽明界《ゆうめいさかい》を異《こと》にする」という言葉があります。もういくら呼んでも彼女は答えない。死っていうのはそういうものです。絶対に戻ってこない。だから、死者と我われは界《さかい》を異にしている。

私の母親も私が三十歳のときに亡くなりましたが、エネルギーが全くなくなったとき人は死ぬんです。生命っていうのはエネルギーなんです。

そのエネルギーを何に使うかというのが人生です。

人間はエネルギーのある間だけです。その間にエネルギーを何に使うか。それが人生です。

仏教の教えは三つに集約される

松原泰道《たいどう》先生という禅宗のお坊さんがいます。今年百二歳になられる立派な高僧です。その松原先生が私に教えてくれました。

「藤尾さん、仏教の教えというのはね、三つに集約されるよ」

仏教の教えはたった三つに集約されるというんです。

一つ目は「厳粛《げんしゅく》」。

厳粛とは、今というひとときは二度と返ってこないということ。これは厳粛な事実でしょう。時間は刻々と流れていって、今というこのひとときは二度と返ってこない。それが世の中ですね。この事実は厳粛そのものでしょう。

万物は一切が流転しています。止まることがありません。みなさんの細胞も、一分間ごとにものすごい勢いで代わっているんです。

あらゆるものは、絶対に今というこのひとときを二度と繰り返さない。この世相はまさに厳粛そのものだということを仏教は教えているというわけです。

二つ目は「敬虔《けいけん》」。

敬虔とは「おかげさま」のことだと松原先生はいわれています。

人間は誰一人として自分だけの力で生きている人はいません。それを思うと、「おかげさま」という敬虔な気持ちにならざるを得ないのだと。

三つ目は「邂逅《かいこう》」。

邂逅というのは、めぐり合うこと。人生はめぐり合いの連続です。めぐり合いによって、その人の人生があるんです。

まず一番最初のめぐり合いは何か。人間、生命を得て一番最初にめぐり合うのは母親のお腹の中の羊水《ようすい》です。

そして生まれてきてからも、いろんな人に出会って、人間は自分の人生や人格を形成していきます。

お釈迦《しゃか》さんはいろいろなことを教えてくれていますが、その教えを集約すると「厳粛」「敬虔」「邂逅」の三つに尽きると松原先生はいわれたんです。

仏教の極意は「ありがとう」「すみません」「はい」

面白いことに、松原泰道先生は、この三つの教えは、

「ありがとう」

「すみません」

「はい」

という三つの日本語に還元されるといったんです。

それを聞いて私は「う〜ん」と唸《うな》りました。

まず厳粛というのは「ありがとう」という言葉に還元される。

なぜかというと、時間は一刻たりとも止まらないで過ぎていくで

しょう。死んだ人はもう二度と帰ってこないでしょう。

そんな厳粛な世相の中で、自分は今、生きている。それは言葉に表すなら、「ありがとう」しかないというんです。

だから、厳粛は「ありがとう」という言葉に還元されると。

次の敬虔というのは「すみません」という平凡な言葉に還元される。

何がすまないのかといえば、いろいろなおかげで自分は生きているけれど、その「ご恩返しが済みません」という意味だと。

いろいろなおかげに恵まれて生きているのに、ご恩返しが済んでいない。だから「すみません」という言葉になるというんです。

そして三つ目の邂逅というのは「はい」という言葉に還元される。要するに、めぐり合いは「はい」という形で受けとめていかないと、めぐり合いにならないですね。

あるいは、めぐり合いとは、我われが自分で考えてめぐり合えているわけではないでしょう。天地が与えてくれるものでしょう。「はい」というのは「拝」という意味でもあるんです。その天地が与えてくれためぐり合いは、「はい」といって拝んで受けとめるしかないと。

めぐり合いのありがたさは拝むしかない。

拝んだときに、めぐり合いは自分のものになってくる。めぐり合いとして完成することになるんです。

仏教の言葉は「厳粛、敬虔、邂逅」という教えに集約されるのだけれど、その教えはさらに日本語の「ありがとう」「すみません」「はい」という単純な言葉に還元されていくと松原泰道先生はいっています。

そして、この「ありがとう」「すみません」「はい」という言葉を絶えず繰り返していると、どんな嫌なことがあっても、人生というのはちゃんと発展していくようになっている。

それが仏教の教えであり極意だと松原先生はいわれました。

どんなことがあっても「ありがとう」「すみません」「はい」。

この三つの言葉を繰り返していく。それで人生は発展していく。

仏教はそれを教えているというんです。

第二章

人間という奇蹟を生きる

真の学びは運命を変える

『致知』二〇〇六年二月号に、荒井哲さんという人が出てきます。この方は面白い人で、西洋音楽を学んだのだけれども、『平家物語』とか、法然《ほうねん》、親鸞《しんらん》、日蓮《にちれん》などの教義を音楽にしようと考えて、もう二十数年も滋賀県の山奥にこもって音楽をつくっている人です。

その方がうちの会社に来られたときに「僕はその人の喋《しゃべ》る声でその人の全部がわかる」といいました。

荒井さんは夜中ずーっと起きていて神経を研《と》ぎ澄ませて作曲をして、朝寝るんです。坂村真民《しんみん》先生みたいな人です。二十数年ずーっとそういう生活をしてきているから、人と会ったときに、その人が発する声でその人が全部わかるというんですね。

この荒井さんが「あなたの声は素晴らしい声だ」と私にいいました。私自身は自分の声がいい声だと思ったことなどありませんので、お世辞をいわれているくらいに受けとめていましたら、真顔で何度も強調される。私はそのときに思ったんです。

私の声がもし荒井さんのいわれる通りならば、こういう理由だろうと。

それは『致知』の編集を始めてからの三十年間、各界の素晴らしい人たちにたくさんのお出逢いをいただき、その人たちの教えに学び、その教えを僅《わず》かでも吸収して、自分の人生に、あるいは体の中に生かしていこうと心掛けてやってきたことです。

いろいろな人にお出逢いをいただいて、教えを受けた反復集積が荒井さんの、そういう評価になったのではないかと思ったのです。

そしてそのときに、私は安岡正篤《まさひろ》先生の言葉を思い出したんですね。

安岡先生は歴代の総理大臣の指南役といわれて、うちの出版社からも十数冊、本を出版させていただいていますが、こういわれています。

「運をよくしようと思えば、結局、心を養わなければならない。心を養うということは学問をすることで、したがって、本当の学問をすれば人相もよくなり、運もよくなる。すべてがよくなる。運も相も結局は学問にほかならないのである。学問・修養すれば自ずからよくなる。そこで昔から本当の学者聖賢は、相や運の大事なことは知っておるけれども、敢《あえ》てそれを説かなかった」

あんたの人相はどうだ、あんたの運命はどうだ、こんなことは本当の学者聖賢はいわない。本当の人間の運命というのは、人間学、聖賢の学問を一所懸命修めていくと、自然に一皮剝《む》け、二皮剝けて変わっていくものなんですね。

だんだんだんだん、自分の知らないうちに運命も人相も変わっていく、それが学問の本質だ、真の学びは人間の運命も変えていく、と安岡先生はいっています。

人体の不思議

私は『致知』の「感謝報恩」という特集の総リードに次のように書きました。

＊

宇宙は百億くらいある。その百億の宇宙の一つがわが地球の属する銀河系宇宙だということは以前、この欄で書いた。

銀河系宇宙の大きさはほぼわかっている。楕円形《だえんけい》で、光の速度で直径が十万年、厚さが一番厚いところで一万五千年かかる距離だという。あまりのスケールに言葉もない。

その宇宙の中で地球だけに生命が宿されている。宇宙から見た地球はものすごく美しいと宇宙飛行士たちは口を揃《そろ》える。地球に住む生命体が発するオーラが、地球を美しく輝かせているのに違いない。

その地球に住む生命体に宇宙は等しく天敵を与えた。天敵がいなければあらゆる生命は増長し、蔓延《まんえん》、跋扈《ばっこ》する。それは調和を愛する宇宙の心に反するということだろう。

ただ、限りない生命体の中で人間にだけ天敵がいない。なぜか。長い間の疑問だったが、あるとき思い至った。人間の天敵は外ではなく、心の中にいるのだ、と。

人間を襲い、蝕《むしば》む天敵。それは心の中に巣くう不平不満である。

事あるごとに湧《わ》き起こってくる不平、不満、愚痴こそ、人間を滅ぼす天敵である。

歌人の生方《うぶかた》たつゑの母は、少女の頃、ともすれば不満顔をするたつゑに、

「不満を持つ間は、人は幸せからはじき返されますのや」

とよくいったという。人生を知り尽くした人の英知の言葉であろう。

人間を損なう天敵の対極にあるもの、それが感謝である。心が感謝の思いに満ちあふれたとき、あらゆる不平不満は一気に消え去る。感謝こそ人間という生命体を健やかに成長させる根幹である。

話は飛ぶ。昨年、東京で開かれた「人体の不思議展」を見たとき、人間の生命に畏怖《いふ》に近い感動を覚えた。殊《こと》に全身に行き渡った血管網と神経細胞の標本は、人知をはるかに超えていた。身体の隅々に至るまで、微妙かつ精巧に、そして見事な調和の中に、一点のねじれもつれもなく配列されたそのさまは、神の領域そのものだった。しかもその一本一本がそれぞれの役割を与えられ、その役割を果たして全体に帰依《きえ》している。全知全能の神でなければ創造し得ない世界がそこにあった。

人間はすでに奇蹟《きせき》のような生命をいただいて生きている。「生きて」いるのではなく、限りない恩の中に「生かされて」いる。理屈なしに、そう直感するしかない世界が、そこにあった。

「恩」という字は「口」と「大」と「心」から成っている。「口」は環境、「大」は人が手足を伸ばしている姿である。何のおかげでこのように手足を伸ばしておられるのか、と思う心が〝恩を知る〟ということである。

安岡正篤師の言がある。

「我々は天地の恩、人間の恩、道の恩、教えの恩など、あらゆる〝恩〟の中にあります。これに絶えず報いていくのが生活であります」

感謝報恩の人生を歩みたいものである。

＊

漢字というのは面白いでしょう。「恩」という字の「口」の中に書く「大」は、人間が手足を伸ばしている姿なんですね。そして「口」は囲い、つまり環境。だから、何のおかげで自分が伸び伸びと生きていられるんだろうかって感じる心が「恩」だといっているわけです。

漢字の面白さがわかってくると古典が面白くなってきます。

ここに書いた「人体の不思議展」を観た人はいますか。すごいですよ。神経細胞の標本なんて、もずくってあるでしょ、あんなのが頭のてっぺんから足のつま先まで全身にくまなく通っているんです。よくもつれないなって思うくらい……。

血管もそうです。全身に張りめぐらされている。それが全然もつれもしないで整備されているんです。あれを見ると言葉を失います。

あれがちょっとでも歪《ゆが》んだりしたら病んでしまうんです。それが病むことなく人間の健康な生命体がある。こんなものは誰がつくったんだろうかと思います。神様しか考えられないですよ。

そういう生命を、もうすでに我われはいただいているんです。生きているというのは、本当に生かされているんだな、生命っていうのはすごいなって思わないわけにはいきません。

そういう生命をいただいて生きていると感じたときに、みなさん、恩を感じるでしょう。恩を感じない人は、命が発展していかないですよ。

今日この話を聞いて、「あぁ、すごい！」って心から感動できる人は運命が変わる人です。

だけど「ふ～ん、そんなもんか」で終わる人も多い。

でも、中には、こういう事実に直面したとき、「あぁ、そうか！」って心から感動する人がいる。そういう人は運命を変えていく。

我われはただ事でない命をもらって生きていることに気づいて、運命を変えていく人になりたいものです。

生命の奇蹟

ここにも書きましたが、宇宙には、銀河系みたいな宇宙が百億あるっていうんです。千億あるという人もいます。まだ今の天文学ではわからないそうですね。

そして、銀河系には太陽が二十億個あるそうです。一個だけじゃないんですね。太陽みたいな星が銀河系に二十億あるんです。その銀河系がまた百億ぐらいあるのが宇宙だと。

その中で四十五億年前に地球ができて、なぜか地球だけに水ができて、三十五億年前にその水の中に単細胞生命が生まれて、その単細胞生命が二十六億年前に雌雄に分かれて、そこから地球上の生命は曼荼羅《まんだら》のごとく多様に発展していって、やがて人間という生命が誕生したんです。これもまた奇蹟みたいな話でしょう。

光が一年かかって届く距離が一光年です。

光は一秒で三十万キロ走るんですよ。一秒で地球を七回り半できる。これを計算したらすごいですよ。一分だと千八百万キロでしょ。一年なら、約九兆四千六百億キロメートル。光は一年間でそれだけ走るんです。それが一光年です。

銀河系の直径は、そのスピードで走って十万年かかる距離だというんです。それがまた百億も千億もあるんだと。

その近代天文学ではわからないぐらい広い宇宙の中で、地球にだけ生命があるんですよ、みなさん。

地球でなぜ生命が生まれたのか、いくら研究してもわからないんです。なぜか知らないけれど地球だけに水が生まれるんです。

それから十億年かかって、水の中に単細胞の生命体、アメーバが生まれるんですよ。目も口も血管もない単細胞生命が我われの生命細胞の原点です。

それからまた十億年かかって、単細胞生命だけだと不合理だと、その中で雄と雌に分かれるんです。宇宙というのは絶えず合理を目指して進んでいくんです。不合理だと思ったから、同じ単細胞生命の中で雄と雌に分かれる。雌から雄が生まれるんです。

だからみなさん、人間の生命体は絶対、雌のほうが強いんです。雄は生んでもらったんですからね。

だから女性に逆らったら駄目ですよ。女性に逆らった人は全員、運命が不幸になる。女性を軽蔑《けいべつ》したり、女性に逆らった人は運命が不幸になる。これは歴史の証明するところです。

話が脱線しましたが、そうやって人間の生命があるんです。そういう中で我われは生きているんです。

感謝する人と不平をいう人

私は、人間というのはすごい、人間が生きていること自体が奇蹟だといいたいがために先にあげた文章を書いたのですが、実は、この中で一番いいたかったのは、この部分なんです。

「ただ、限りない生命体の中で人間にだけ天敵がいない。なぜか。長い間の疑問だったが、あるとき思い至った。人間の天敵は外ではなく、心の中にいるのだ、と」

私は子供の頃、人間だけに天敵がいないと学校の授業で教わったんです。そのときから、人間にはなぜ天敵がいないのかなあと、時々思い出しては考えていました。結構ずーっと長い間、思っていたんです。人間だけ、なぜ天敵がいないんだろうかって。

その答えが『致知』の仕事を始めてわかったんです。

あっ、そうか、人間の天敵は外ではなくて内にいるんだと。


なぜそれがわかったのか。

私はいろいろな人にインタビューしてきたでしょう。もう素晴らしい人ばかりですよ、『致知』に登場する人は。ものすごく高い意識で生きているんです。でも現実は、もう苦労の連続。だけどそういう苦労に感謝して、素晴らしい意識で生きている人たちをたくさん取材させていただきました。

その一方で、なんの不平不満もない生活の中にいながら、絶えずぶつくさぶつくさ愚痴《ぐち》をいったり、不平をいったりして生きている人もいっぱいいるわけです。

だから、片一方では、何の不満もない恵まれた環境の中にいるのに、なぜそんなに不平・不満・愚痴をいっているんだろうか、と思われる人がいる。

もう片一方では、恵まれない環境の中にいながら、その環境自体にも感謝して、すごく高い境地に至っている人もいる。

この差は何かなと思ったときに、ハッとわかったんです。

あっそうだ、これは感謝だ、この素晴らしい人たちは恵まれない環境の中にいながら、感謝して感謝して感謝して生きている。だから、高い意識になって、素晴らしい運命を歩んでいるんだ。

片一方の人たちは、何の不平不満もない環境の中にいながら不平不満ばかりいって、自分の人生を貶《おとし》めている。

この差だ！　とわかったときに、あぁ人間の天敵は外にいるんじゃない、心の中にいるんだと気づいたんです。

そのとき、脊髄《せきずい》の奥から、何か熱いものがこみ上げてくるような感動を覚えました。

みなさんにもいっぺんそういう感動を味わってもらいたい。これを味わうと人生が楽しくなります。

人間を滅ぼす三毒と五鈍使

敵は外でなく自分の内にあると私は書きましたが、そのときにもう少し書きたいことがあったんです。それはお釈迦さんの話です。

お釈迦さんは、人間を滅ぼす三つの毒があるといっています。

「貪《とん》」

「瞋《じん》」

「痴《ち》」

「貪」は貪《むさぼ》る心、欲望ですね。次から次に欲望を抱いていく、それが人間を滅ぼす。

「瞋」は怒り。人間は自分の思いのままにならないことを怒り、恨みます。

「痴」は愚痴。なんで愚痴が出るかというと、正しいことを見きわめられない愚かさから愚痴が出る。だから「痴」という字は「知」にヤマイダレがついているでしょう。

お釈迦さんは、この「貪・瞋・痴」の三つが絶えず人間の心の中に起こってきて、人間という生命体を滅ぼしてしまう毒になるといっているわけです。私はなるほどなあと思う。

この「貪」に関しては、ワコール創業者の塚本幸一さんにこういう話があります。塚本さんは戦争に行って、一小隊五十五人の中で三人だけ生き残ったうちの一人なんです。

彼はこういったんですね。

「俺は五十五人のうちの三人に選ばれた。俺には運の剣がついている。だから何をやっても成功する」

そういうことを人にもいい、部下にもいっていたら、当時の副社長が諫言《かんげん》したんです。

「あなたには確かに運の剣がついているけれども、その剣には正剣と邪剣があります。あなたが自分の欲望のままに突っ走ったときは、必ず悪いことが起こっています。それは邪剣を使ったときです。あなたが世のため人のためといって正剣を使ったときはうまくいっています」

それを聞いた塚本さんは「う〜ん、そうか」と唸《うな》って、その人に感謝をするんです。

欲望は悪いものじゃないですよ。欲望があったから、人間の文化は発達してきたんです。ただし、欲望にもいい欲望と悪い欲望がある。欲望を貪ろうとするときには、邪剣になるんですね。

この「貪・瞋・痴」の三毒で終わるところですが、お釈迦さんはそこにもう二つ加えました。

それを総称して「五鈍使《ごどんし》」といいます。

人間の命を鈍《にぶ》く、愚かにしてしまう五つのものです。

その一つは「慢」です。

高慢、傲慢《ごうまん》、慢心の「慢」。この慢が人間を滅ぼすとお釈迦さんはいいました。

もう一つは「疑」です。

すべてを疑うことが人間を滅ぼしてしまう。

人間はどんな人でもすぐ慢心するんです。

特に経営者はすぐに慢心します。経営者がかかる病というのがある。それは「驕《おご》り、慢心、甘え」。うまくいっていると驕り、慢心し、甘えが出てくる。これは心の病です。

もう一つの「疑」というのは、たとえば社長や上司が何かいうと、すぐに疑ってかかる。

以上の「貪・瞋・痴・慢・疑」の五つが人間を滅ぼすと、お釈迦さんはいっています。

人の心を正しく導く人間学

みなさん、お釈迦さんは二千何百年前からこの話をされているんです。人間の本質なんて全然変わっていないんです。人間の心とは、絶えずこういう三毒、五鈍使に染まっていく。そして、自分の運命を駄目にしていっている、ということをお釈迦さんはずーっとおっしゃっている。

結局、人間の心が人間を滅ぼすんです。

人間を滅ぼすのは人間の心なんです。だから、天敵なんです。心を正しい方向に導いていかない限り、人間は運命を狂わせてしまう。

この人間の心を正しい方向に向かわせていくというのが、人間学なんです。本当の人間学を学んでいかないと、人間の心を正しく育《はぐく》んでいくことはできない。

あぁ、こういう状況のときは人間は慢心しやすいな、いかんなと、反省して軌道修正していく。それが人間学です。

人を滅ぼすのも、人を高めていくのも、人間の心なんです。

最近起こっている事件を見てください。

高校生が自分のお母さんに変なものを飲ませて、お母さんがどんなふうに苦しんで死んでいくかを撮ってインターネットで流すという事件があったでしょう。あれ、人間の心が起こしたんですよ。

あるいは、親が子供を殺す。たくさんの小さい子供が親から殺されています。あれも病んだ心が殺しているんです。

人間は心一つでその運命を高めていくこともできるし、落としていくこともできる存在なんです。


結局、釈迦もキリストも孔子も、人間の心を正しい方向に導いていかなければいけないと二千年以上前からずーっと説いてきたんです。しかし、その道はまだ完全に成就《じょうじゅ》されていない。

我われはどうすればいいのか。

釈迦でもキリストでも孔子でも、その教えに出会った一人ひとりが、あぁそうだと思って、そこに説かれている道を歩んでいくことなんです。それがこの世の中をよくしていくことになるし、自分の人生も高めていくことになるんです。

感謝は闇を光に変える

私がここで伝えたいのは、「どう心を養ったらよいか」ということです。それをひと言でいえば「感謝」ということです。

感謝というのはすごいですよ。

どんな絶望的な状況の中にいても、その人が本当に心の底から、「この絶望的な環境は自分自身を生まれ変わらせてくれるチャンスだ。ありがたい」

と思うと、その瞬間に絶望的な環境は拝みたくなるような環境に変わるんです。

闇を光に変えていくのが感謝です。

どんな嫌な人がいても、その人がひょっとしたら自分を育ててくれるかもわからないと思って心から感謝すると、その人は仏様になる。

だから、感謝ってすごいんです、みなさん。

だけど人間はなかなか感謝ができません。

本当に感謝したら、あらゆる状況を光に変えてしまうんだけれど、なかなか感謝ができない。

ある女性の話です。この人は難病の連続で、病気ばかりしていたんです。それで死ぬ寸前までいくんですね。

その女性が冬のある日、縁側に出て日向《ひなた》ぼっこをしていた。もう病気で死ぬ寸前に、縁側に出て日向ぼっこをしていたんです。

そこで陽射しをばーっと浴びたときに、もう理由なしに「あぁ、ありがたい、あぁ、ありがたい」と思って感謝をした。

そうしたら病気がパッと治ってしまった。

これ、本当の話です。

その女性は、本当に心の底から「あぁ、ありがたい」と感謝したんですね。そうしたら病気が治った。

感謝にはそんな力があるんですよ。

みなさんもいろいろな状況に置かれるでしょう。でも、どんな嫌な状況の中にいても、本当に心の底から、あぁこの環境によって自分は救われる、成長できると思った瞬間に、その環境は素晴らしい光に満ちた環境に変わるんですよ。

だから感謝ほど素晴らしいものはない。

それなのに人間はなかなか感謝ができない。だから私はいっているんです。

「練習しよう、もうしょっちゅう感謝の練習をしよう！」

しょっちゅう感謝していたら、感謝する習慣ができる。そうしたら、その人に感謝が身についてくるんです。

嫌な人が来ても「あぁ、ありがたい、この人が私を導いてくれる人だ」と思って感謝する。何があっても感謝する。感謝の練習をするんです。

これは先ほどの「ありがとう」「すみません」「はい」と連動する話です。

善いものは善い方向に循環していくようになっている。悪いものは悪い方向に循環していくようになっているんです。

その悪い連鎖を断ち切るのが「感謝」なんです。だからこれを練習しなくてはいけないんです。

第三章

人間を高める六つの行

布施――人に喜びを与える

三毒、五鈍使《ごどんし》から人間を救うために、お釈迦さんは六つの行をやりなさいといわれています。そうすれば人間の心を救うことができるのだと。

その教えのことを六波羅蜜《ろくはらみつ》といいます。六つのことが大事だ、六つのことを精進《しょうじん》しなさいといったんですね。

まず一番目は「布施《ふせ》」。

お布施、施しですね。「与える」ということです。

人に喜びを与えることは最高だと平澤興先生もいわれています。

人に喜びを与えていこうとすると、そこに気づきが生まれてくるんです。いろいろなことに気づくんです。そうすると、この三毒、五鈍使が起きない心になってくる。

この「布施」はお金がなくとも与えることができる、とお釈迦さんはいっている。それを「無財《むざい》の七施《しちせ》」といいます。財産がなくても人に施せる七つのことがあるというんです。次の七つです。

一つ目は眼施《げんせ》。優しい眼差しで人に接すること。

二つ目は和顔施《わがんせ》。ニコッとしてやさしい和やかな顔で話をすると、聞く人の心がホッとなる。それも施しだというんです。

だからニコニコ微笑んでいる人は素晴らしいんですよ。「あの人の顔を見たら何か知らんけど心が晴れてきた」というのは施しです。女性は特に和顔施をしなくてはいけません。

三つ目は言辞施《げんじせ》。落ち込んでいる人を言葉で励ます。言葉で施しを与えること。

四つ目は身施《しんせ》。捨て身になって人に尽くすということ。

五つ目は心施《しんせ》。善意の真心を施すということ。

六つ目は床坐施《しょうざせ》。席を譲ること。

七つ目は房舎施《ぼうしゃせ》。人を一晩泊めてあげること。

このようにいろいろあります。要するに、人に喜びを与えていくことを一所懸命やっていると気づきがある。その気づきの連続に入ってきたときに、三毒とか五鈍使の心から離れていくんですね。

これは私の大好きな話ですけれど、病気ばっかりしているおばあさんがお坊さんから「人は布施が大事ですよ」と聞いたんです。そのときにおばあさんは、「お坊さん、私も施したいけれど、病気ばっかりしていて何も人に施せるものがありません。私は人に面倒をみてもらうばっかりです」といいました。

そうしたらその偉いお坊さんはこういうんですね。

「そうか、しかしね、あなたもいろいろな人にお世話になっているだろう。そのお世話になっている人に手を合わせて〝ありがとうございます〟といいなさい。それが施しだ。〝ありがとうございます〟と手を合わされたら、一所懸命世話をしている人の心の中にどれだけ喜びが湧いてくるか。それがあなたの場合に施しになるんですよ」

わかりますか？　どんな立場の人でも施しができるという話なんです。

持戒——日常の態度を戒める

六波羅蜜の二番目は「持戒《じかい》」。自らを戒《いまし》めるものを持つことです。これは日常、人に接するときの態度です。たとえば、上司に対してふて腐れた態度をとったらいけないというようなことですね。

三重県に志摩観光ホテルというホテルがあります。そこに、もう引退されましたけれど、高橋忠之さんという伝説のシェフがいました。

高橋さんは二十代のときに志摩観光ホテルの料理長になります。そのときに、二千円か三千円で出していたメニューをすべて変え、晩餐《ばんさん》メニューの価格を三倍にするんです。全重役の反対を押し切ってです。

そうしたら、志摩観光ホテルにはその料理を食べにお客さんが集まってくるようになって、ものすごく発展したのです。

高橋さんは偉い人です。十五歳で中学を卒業して志摩観光ホテルに入ったときに、いろいろな先輩を見て、こう思うんですね。

「自分はここで働く限り、してはならないこと、しなければならないこと、この二つに徹していこう」

十五歳の少年がそう思うんです。

「してはならないこと」とは何か。

当時の料理人の世界というのは、料理長には業者から、いろいろと付け届けが届く風習があったそうです。

それを使われる身でじーっと見ていて、高橋さんは「こんなことはしてはいけない」と思うんです。自分がもし料理長になっても、これは絶対にしてはならないことだ、と。

それとは逆に、もっとしなければならないことはしていく。

この二つを徹底していこうと心に誓ったんです。これが持戒です。

そういう人だから、やっぱり料理長になるわけですね。

態度というのは大切です。

うちの社員でも、朝起きたままの顔で会社に来る者がいる。

朝起きると気分は毎日違うでしょう。起きたままの嫌な気分で、不機嫌な顔をして出社する人間がいるわけです。

私はそういう社員を怒るんです。

「起きたままの気分で会社に来るな！　会社は戦場だ。起きたままの気分で会社に来ることは失礼だ」

でも、私自身も二十代の頃はそうだったんです。朝起きると気分がすぐれない、何か乗らない日がありました。そのままの気分で会社に行っていました。

顔を洗っても半分寝ているような感じで、嫌な気分のまま会社に行く。だから不機嫌です。

こんなことしてちゃいかんなあと思っていたときに、たまたま読んだ経営者の本の中に「自分は毎朝五時に起きて水をかぶって会社に行く」と書いてあったんです。

ほお、こういう人がいるのかと思いました。

私は、いいと思ったことはすぐに真似するんです。そのときも、「よし！　実行しよう」と、その翌朝から水をかぶりました。二十七、八の頃です。

冬でも水をかぶった。頭から三杯、腹に一杯。

そうしたら、もやもやとした気分、嫌だなあという邪気がポーンと抜けていく。ホントですよ。それで「よし！　今日も頑張ろう」という気分になるんです。

それから私はずーっと水をかぶっているんです。よしっ！　という気分になる。体からパッと気力が出てくる。これが私の持戒です。

みなさんの中にもきっと、起きたままの気分で会社へ行っている人がおられると思いますが、「自分はこうしよう、こうしてはならない」「起きたときの気分で会社へは行かない」と、自分で持戒を持つことがとても大事だと思います。

精進——一所懸命、一心不乱に打ち込む

六波羅蜜の三つ目は「精進《しょうじん》」。

お釈迦さんがいう中で一番大事なのはこの精進です。この精進さえやれば、後の全部がこの中に入ってくるんです。

精進というのは、別に滝行をしたり、断食《だんじき》をしたり、坐禅を組んだりすることじゃないんです。

みなさんならば、仕事に一所懸命、一心不乱に打ち込む。それが精進ということなんです。自分の仕事に一所懸命、一心不乱に打ち込んでいくと、自然に人格というものが磨かれていくんですね。

法隆寺の宮大工で西岡常一さんという有名な棟梁《とうりょう》がおられました。一芸は万芸に通じるといいますが、西岡棟梁の言葉は人の心を打ちますね。また、その後を継いだ小川三夫さんという人の言葉も哲学者のようです。

なぜそうなったのか、自分の仕事に一心不乱に打ち込んでいったから、そういう悟りに達していくんです。

私はよくいうんです。

「人間は趣味では絶対に人格が磨かれない。人間の人格は仕事に打ち込む中で磨かれていく」

神様は人間をそういうふうにつくったんです。

そして、これも私がよくいう言葉です。

「天から与えられる天職なんかない」

天職というのは天から職業を与えられるものだと思っている人が多いでしょう。違うんです。天職というのは自分が今やっている仕事なんです。「これが天職だ」と思った瞬間に、その仕事が天職になるんです。

本当に今の仕事が自分に合わないときは、違う仕事が天から舞い降りてくる。何も計らわないのに、自然に違う仕事が舞い込んで来るようになっている。それが人間というものです。

だからみなさんは、「自分の天職は何だろう?」なんて考える必要はない。今、目の前にある仕事に一所懸命、一心不乱、死に物狂いで打ち込んでいけばいい。そうしたら人格が磨かれていくんです。

もしそれがみなさんの本当の天職でなかった場合は、天職が自然に舞い降りてくるようになっている。これは間違いない。

これがお釈迦さんのいう精進なんです。

稲盛和夫さんの運命の転機

京セラをつくった稲盛和夫さんという人はすごいですよ。今は押しも押されもせぬ大経営者ですが、私は若い頃の稲盛さんの姿勢、歩み方に大いに啓発を受けます。

稲盛さんは鹿児島出身です。鹿児島大学を出て、京都の松風《しょうふう》工業という会社に入るんです。

その会社は赤字会社で給料は最初から遅配になります。それで会社へ行ったらストをしたりして業績は低迷し、いつ倒産してもおかしくないありさま。稲盛さんは寮に住んでいましたが、畳が腐っていて真ん中あたりに穴があいていた。だから隅っこのほうで寝ないといけなかったというんです。

稲盛さんは嫌になってしまったんですね。鹿児島から希望を抱いて京都に来て、さあ一所懸命働こうと思っていたのに、給料は遅配になるし、労働争議はひんぱんに起こるし、この会社はなんだと。近所の店に買いものに行ったら「あんた、あんなボロ会社に勤めてたらお嫁さんなんか来ないよ」といわれたそうです。


すっかり嫌になった稲盛さんは、京都大学から入社した同期社員と「こんな会社、辞めよう」と話すんです。「もうこんな会社は辞めて、自衛隊の幹部候補生学校に行こう」といって、二人して自衛隊に入る準備を始めるんですね。

当時、自衛隊に入るためには戸籍抄本が必要でした。そこで稲盛さんは鹿児島にいるお兄さんに、戸籍抄本を送ってくれ、と頼むんです。

「こんな会社は嫌だ、僕は自衛隊へ入る。だから戸籍抄本を送ってくれ」と。

お兄さんは稲盛さんより三つ年上だったと思いますが、この人も偉い。

「お前、何をいっているんだ。お前は就職するところがなかったのに、松風工業という会社にお世話になって入れてもらったんじゃないか。

ご恩返しもしないで辞めるなんてとんでもない奴だ。戸籍抄本なんか送らない」

と怒るんです。

結局、同期社員は戸籍抄本を送ってもらって、試験を受けて自衛隊へ入るんです。稲盛さんはお兄さんから「辞めるんならご恩返ししてから辞めろ。入ってたった一年ぐらいで辞めるなんて、なんてことだ」と怒られて、しょうがないから残るんですよ。

自分だけが取り残されてしまったという気持ちで稲盛さんは鬱々《うつうつ》となります。会社が終わって寮へ歩いていく途中、夕焼けを見ながら「故郷《ふるさと》」の歌を歌って、涙がボロボロボロボロこぼれたそうです。そういう生活を送っていたとき、彼の心の中に転機が訪れるんです。そのときのことを、稲盛さんはこういうふうに表現しています。

「自分は今、素晴らしい仕事をしているのだ。なんと恵まれた仕事に就いているんだろう。無理にでもそう思うようにした」

環境は最悪だけれども、自分は今、素晴らしい仕事をしているんだ。なんと恵まれた仕事に就いているんだろうと無理にでも思うようにした、というんです。

そして彼はセラミックという仕事を見つけて、打ち込んでいくわけです。すると今度は仕事が面白くなって、寮に帰る時間が惜しくなった。起きたらすぐに仕事をしたいというので工場に布団を持ち込んで、コンロでご飯を炊いて、そこに寝泊まりして研究に没頭していく。

それによって稲盛さんの人生は変わっていくんです。

一心不乱に仕事に打ち込むことによって、不平不満ばっかりいっていた稲盛さんの人生が開花していくんです。

あのときが稲盛さんの転機ですね。もしお兄さんが甘いお兄さんで「そうか、じゃあ戸籍抄本送ってやるわ」と送っていたら、今ごろ稲盛さんは自衛隊に入って、何をされていたか。偉い人になったかもわからないけれど、京セラという会社はなかったわけです。

そのときに稲盛さんが会社に踏みとどまって、そこで一所懸命に仕事に打ち込んだから今日があるんです。

『致知』の中にはこういう人の話がいっぱい出てきます。

みなさん、こういう人の言葉に耳を傾け感動し、発憤する感性を養っていかなくてはいけません。

稲尾和久さんの運命を拓いたもの

精進という例でいえばですね、昔、プロ野球に西鉄ライオンズという球団があったんです。そこに稲尾和久という大投手がいました。稲尾さんという人はすごいピッチャーだったんですよ。「神様、仏様、稲尾様」といわれて、稲尾さんが出たら必ずその試合は勝つというぐらいの成績をあげた人です。

その稲尾さんにインタビューしたときに、特に感動した話が二つありました。

稲尾さんは高校を卒業したときに西鉄ライオンズにスカウトされるんです。当時高卒の初任給は六千円なんですが、彼は月給三万五千円でスカウトされた。約六倍ですね。しかも契約金が五十万円。お父さんは漁師です。決して裕福ではなかったそうです。お母さんは球団のスカウトからテーブルの上に五十万円を積まれたとき、札束を見て気絶したというんです。そんな大金を見るのは初めてだったからびっくりしちゃったんですね。

それで稲尾さんの西鉄入団が決まって、春のキャンプに行くわけです。

キャンプの最中に、高校から「卒業式に帰ってこい。うちの学校から西鉄に入団したのは初めてだから、お前のために特別な卒業式をしてあげる」といわれるんです。

そのときの稲尾さんの決断が素晴らしかった。やっぱり後に大ピッチャーになるだけの器がある。

監督のところへ行って、こう聞くんです。

「監督、私の学校の先生が、お前のために特別な卒業式をやってやるというので帰ってもいいですか」

そしたら監督も偉いね。

「うん、そうか、お前帰りたいよな」

「帰りたいです」

「うん、そうか。だけどお前は未来に生きるのか、過去の思い出に生きるのか、どっちだ。自分で選べ」

この言葉もいいじゃないですか、みなさん。

未来に生きるのか、過去の思い出に生きるのか。

そのとき稲尾さんはどうしたか。

「自分は過去の思い出よりも未来に生きよう」

そう決めて帰らないいんです。まだ十八歳ですよ。やはり大成する人は違います。


もう一つ、こんな話を聞きました。これもすごい話です。

稲尾さんと同期で二人のピッチャーが入ったそうです。ところが、その二人と自分の扱いがぜんぜん違うわけです。

彼らはピッチング練習をしているんだけれど、自分はバッティングピッチャーしかやらせてもらえない。おかしいなあと思って、稲尾さんはタイミングを見計らって二人に聞くんですよ。

「僕は三万五千円の給料と契約金五十万円で入ってきたんだけど、君たちはいくらもらった?」

そうしたら二人は、契約金がそれぞれ五百万と八百万、月給も十万と十五万だったそうです。球団の期待の度合いが全然違うわけです。

だから彼らはピッチャーの練習をしているのに、自分はバッティングピッチャーばかりやらされるのか、と稲尾さんは知るんですね。

普通ならみなさん、「なんだ、馬鹿にするな、俺はもう辞める」というところです。でも、稲尾さんはいわないんです。どうすればいいか、じーっと見ていて考えるんです。

私はよくいうんですが、伸びていった人というのは自分に与えられた環境、条件をすべて生かしきって成長していくんです。

わかりますか？　マイナスの条件もいっぱいあるんです。そのマイナスの条件もすべて生かしきっていく人が成功するんです。稲尾さんはまさにそうなんです。

彼は毎日バッティングピッチャーをやる。だんだん嫌になってくる状況の中で、ハッと気づくわけです。バッターというのはストライクばかり投げると嫌がるなって。

そりゃそうです。毎回毎回打っていたらしんどいでしょう。三球ストライクを投げて、一球外してやるとバッターが一番嬉しそうにしている。ボール球が来たら一球休憩できるからね。

そこに彼は目をつけるんです。

このボール球にする一球は俺だけのものだ。この一球だけは別に相手を気づかわなくてもいい。バッティングピッチャーだから三球はストライクを投げなきゃいけないけれど、残りの一球はボールでいい。だから、その一球は俺のものだ。

稲尾さんは、この一球で自分の練習をしようと決心するんです。高め、低め、インコース、アウトコースとボール球を投げ分ける練習をしようと。その結果、彼は名コントローラーといわれるピッチャーになるんです。

すごいと思いませんか。

普通の人間ならふて腐れる状況の中で、一球のボールで練習しよう、と。その一球だけは他の奴がピッチング練習するのと同じだと考えて、高め、低め、アウトコース、インコースと投げ分けてピッチングの練習をしたんです。

一時間で四百八十球投げたら、そのうちの百二十球は自分のものだと考えて練習を重ねて、名コントローラーといわれるピッチャーになっていくんです。

そうやって自分の与えられた環境の中で一心不乱に仕事をしていったから、稲尾さんの人格が磨かれて、運命を招来していったんです。

だから「精進」が一番大事なんです。

イチローが小学校六年生のときに書いた作文もすごいですよ。「三百六十五日中三百六十日は、激しい練習をやっています。だから、一週間中で友達と遊べる時間は五、六時間です。そんなに練習をやっているのだから、必ずプロ野球の選手になれると思います」

と書いているんです。

三百六十五日中、三百六十日練習しても嫌になっていないというのが、その作文からうかがえます。イチローが天才なのは、努力があるからなんです。普通の人は、努力しなくてもいいような状況になったら努力しません。でも、イチローは小学校の頃から努力が身についているわけです。

どんな状況の中にいても努力する習慣を身につけるというのは、その人の運命を発展させていく根本です。

だから「精進」というのは本当に大事。一所懸命に、一心不乱に打ち込んでいたら、不平・不満・愚痴は絶対に起こってきません。ただひたすら向かっていくだけになるんです。

忍辱——耐え忍ぶ力を養う

六波羅蜜の四つ目は「忍辱《にんにく》」。

忍辱というのは耐え忍ぶということです。苦難や嫌なことを耐え忍ぶ。
今の日本は物質的に恵まれているでしょう。だからもう、全然この忍辱がない。耐え忍ぶ力が弱くなっています。もうすぐに嫌になる。こういう人は絶対に成功しません。

忍辱というのは、人生の根を生《は》やすんですね。しっかりとした根を生やすから、風が吹いても倒れないんでしょう。根を生やせない人はすぐに倒れてしまいます。

忍辱というのは人生の根を生やす、人間の根を生やす。さっきの稲尾さんみたいに、どういう状況の中でも嫌にならないで耐え忍んで、その中で自分の光を見出していくわけでしょう。こういうのが忍辱なんですね。

だから忍辱は大事なんです。嫌なことから逃げないで、耐え忍ぶ。じーっと耐え忍んでいくと、そこに人間の根が生えてくる。

禅定――自分を振り返る時間を持つ

五つ目は「禅定《ぜんじょう》」。

禅定というのは、坐禅を組むという意味のようですが、簡単にいえば、自分を振り返る時間を持つことです。

自分の心を落ち着かせて、自分自身を振り返る時間を持たなかったら、人生も仕事も絶対にうまくいきません。ばたばたばたばた走っている人は、必ずすてーんとひっくり返ります。

だから人間には自分を振り返って、じーっと内省していく時間が絶対に必要です。

「心花《しんか》　静裏《せいり》に開く」という言葉があります。心の花はじーっと静かにしているときに、ぱーっと開いていく。

いい言葉ですね。

禅定というのはこういうことです。自分一人でじーっと考える時間を持つ。そのときにパッと閃《ひらめ》きが生まれてきたり、あるいは自分自身のあり方、こうでは駄目だ、こうならなきゃいけないな、ということに気づいてくる。

走ってばっかりじゃ駄目です。

智慧——五つの行から自然に身につく

六つ目は「智慧《ちえ》」。

智慧は、布施・持戒・精進・忍辱・禅定の五つを一所懸命にやっていたら自然に生まれてきます。お釈迦さんはそういわれています。今いった五つをやっていくことによって、自然に身についてくるものだと。

以上の六つ、布施・持戒・精進・忍辱・禅定・智慧がお釈迦さんの掲げる人間の心を救うための行です。この六つの行を続けていけば、三毒や五鈍使から人間は救われるというんです。

自分で六つの精進をつくる

稲盛さんは、人間は自分が生まれたときよりも死ぬときの心のほうが美しくなって死ぬようにしなくてはいけないといっています。自分の人生で、それが一番大事なことだと思っている、と。

稲盛さんは昔、結構怒りっぽかったそうです。ところが、自分自身の心を高めるために、自分自身の心を磨くために、このお釈迦さんの話をもとに、自分で六つの精進というのを掲げたんです。

参考までに稲盛さんはどんな精進を掲げたか、お話ししておきます。

一つ目は、**誰にも負けない努力をする。**

当時、稲盛さんは京都で一番になろうとやっていましたから、会社から帰るときに隣の工場の電気がまだ点《つ》いていると、「自分たちより遅くまでやっているところがある。よし明日から自分たちはあの会社より遅くまでやろう。朝もあの会社より早く来よう」といって誰にも負けない努力をしてきたんです。

稲盛さんはこういっていますね。

「不平不満があったら、一センチでも二センチでも前へ進み、向上するように努める」

仕事をしていると不平不満が起こってくるでしょう。でも、そんなものにとらわれないで、一センチでも二センチでも前へ進み、向上するように努めてきた。誰にも負けない努力をするとはこういうことだというんです。

二つ目は、**謙虚にして驕《おご》らず**。

これはあらゆる古典が教えていることです。人間は慢心したときにひっくり返される。人からひっくり返されることもあるし、天からひっくり返されることもある。だから、謙虚にして驕らず。どんなに調子がよくなっても、いつも謙虚で驕らないことを自分に課したんです。

三つ目は、**反省ある日々を送る**。

さっきの禅定みたいなものですね。あぁ自分のあり方はこれでいいのか、と反省ある日々を送る。

四つ目は、**生きていることに感謝する。**

あぁありがたい、命をいただいている。生きているだけでもありがたいじゃないかといつも思っていた、と稲盛さんはいっています。

五つ目は、**善行、利他行を積む。**

他人に対して、善い行いをする。利他を積む。

六つ目は、**感性的な悩みをしない。**

これは面白いですね。逆にいうと、稲盛さんも若い頃は感性的な悩みを持たれたことがあるのかもしれません。

　感性的な悩みっていうのは、何か問題があるとクヨクヨクヨクヨと引きずっていく。ああでもない、こうでもないと悩む。そういうのが感性的な悩みです。

　稲盛さんは感性的な悩みをしないといっている。そんなことにいつまでもこだわっていては駄目だ。いつまでもクヨクヨ悩んだり不平をいったりしてはいけない。

　そうならないためにも自分は仕事に全身全霊で打ち込んでいった、と書いています。全身全霊で仕事に打ち込んでいったら、感性的な悩みなんて消えちゃうんですね。


　うちの社員もそうですが、最近の二十代、三十代の若い人たちは、感性的な悩みをする人が増えましたね。しかし感性的な悩みをしている限り、その人の生命は健全に育たない。感性的な悩みをしないことが大切なんです。

これが稲盛さんの立てた六つの精進です。

みなさんも自分で六つの精進をつくられたらいいですね。自分の心を磨くために、自分の人生を高めるために、自分の人格を高めるために、自分はこういう六つの精進を掲げていこうと決めて、毎日実践すればいいんです。

それが運命を招来し、人生を切り拓いていくことにつながるんです。

第四章

人生経営の要諦

――誠を貫いて生きる

言葉に敏感になる

今、お釈迦さんの教える六つの精進をみてきましたが、私は、これからビジネスリーダー、経営リーダーになる人は、この六つの精進に加えて、あと三つ大事なことがあると思います。

その三つとは何か。

一つは「敏《びん》」。

「敏」でない人は運命もよくならないし、経営も絶対に発展しません。

この敏にはいろいろありますけれど、言葉に敏感というのもその一つ。偉くなっている人は、全員が言葉に敏感です。自分自身を向上させていく言葉に敏感です。

自分を堕落させるような言葉に敏感なんじゃないですよ。自分自身の人格を向上させるような言葉が、パッと響くんです。

言葉に敏感でない人はエネルギーが生まれてこないです。人間のエネルギーは言葉によって触発されて生まれてくる。だから言葉に敏感でない人は絶対に大成しない。

敏感な体質になるには習慣づけすることです。パッと言葉を摑《つか》まえたら、「よし、自分のものにしよう」と習慣づけていくことが大事です。

私は今日いろいろな話をしてきましたけれど、「この言葉、もらった」というふうに、言葉というものを受けとめていかない人は大成できません。

偉くなった人で言葉に鈍感な人なんか一人もいないんです。

いろいろな苦しい状況の中、人にいえない悩みを持ちながら自分一人と対峙《たいじ》したときに、短い一つの言葉に救われていく。それが人間なんです。

自分を向上させるものに敏感であれ

「敏」というのは何も言葉に敏感なだけじゃないですよ。自分を向上させていく機会、自分を向上させていくものに対して、常に心と体を働かせることも「敏」です。

『論語』の中で孔子がこういっています。

「子曰《い》わく、我は生まれながらにして之《これ》を知る者にあらず。古《いにしえ》を好み、敏にして以《もっ》て之れを求めたる者なり」

自分は努力もせずにいろんな知識に通じているんじゃない。聖賢の書を絶えず吸収しようとしたから通じていったんだと。生まれつき知っていたわけじゃない。自分が苦しかったから、何かを学ぼう学ぼうとしたから、身についていったんだといっているんです。

孔子は「敏なれば則《すなわ》ち功あり」ともいっています。敏の人は必ず成果が表れてくる、ということなんです。

安岡先生はこういっています。

「自分の人生を美しくするために、仕事のために、友人のために、世の中のために、できるだけ気をつけよう、役にたとう、まめにつくそうと心身を働かすことが敏の本義である。ひらたくいえば、いつも怠《おこた》りをしないでいつもきびきびしている。その代わり世間のくだらんことにはずいぶんと怠《なま》けてもよろしい」

いい言葉ですね。我われは「世間のくだらんこと」に敏にならないようにしなくてはいけません。競馬の情報とか芸能人のスキャンダルとか、そういうことばかりに敏感というのでは、本当の敏とはいえません。

自分自身の人生、人格を向上させる、そういうものに対して敏感にならないといけないんです。

敏でない人は、絶対に人生が発展していかない。だから言葉に敏感。自分自身の人格を磨いていくものに対して敏感。そういう人間にならなかったら駄目です。

徹しきらなければ人生は発展しない

経営リーダーに必要なものの二つ目は、「徹する」。

人生はこれに尽きますね。徹する。

私もたくさん人に会ってきましたが、ほとんどの人が中途半端で終わる。徹しない。何をやっても中途半端、一所懸命やっているふりだけという人が圧倒的に多い。本当に徹している人は少ないです。しかし、自分の仕事に本当に徹しきる。これをやらない限り、人生は発展しません。

みなさんは全員、天から真性をもらって生まれているんです。それをぱーっと開花させていくためには、「徹する」という姿勢が必要なんです。それがない限り、絶対に開花しない。中途半端で終わってしまう。

私はうちの社員にいうんです。我われはみんな凡人だ、人と同じことをしていたら人並みで終わってしまう。徹しなきゃいかん、と。不平不満をいっているのは、徹しないからです。徹していくということが大事なんです。

この間、『書経《しょきょう》』という本を読んでいたら、人間は二千年前からも三千年前からも同じだなあと思いました。こんなことが書いてあったんです。

「恤《うれ》いを知《し》るものは鮮《すく》ないかな」

どういう意味か。『大漢和辞典』をつくった諸橋轍次《もろはしてつじ》先生はこういうふうな説明をしています。

「人にはそれぞれ重大な任務がある。しかるに、その任務に対して本当に心をくだいている人はむかしから多くはない」

みんな天からものすごい任務を与えられている。しかし、その任務に朝から晩までずっと心をくだいているという人は少ないと、二千年以上前からいっているんです。

要するに、徹しなさいというんですね。自分に与えられた任務に四六時中、朝から晩まで徹していることが大事だということなんです。

さきほど稲盛和夫さんの話をしましたけれど、稲盛さんは徹した人ですね。

松風工業を辞めて独立して、京セラの前身となる京都セラミックをつくるでしょう。そのとき、二十六、七歳だった稲盛さんは、自分が工場に布団を持ち込んで仕事をするタイプだから、社員にもそうしろというわけです。それでみんな同じように工場に布団を持ち込んで、寝泊まりして研究を続けた。だから京都では狂徒セラミックといわれたそうです。

そういう調子で一か月二か月やっていたら、若い社員は参ってくるわけです。

「こんな調子で仕事をしていたら体を壊してしまう、もうちょっとペースダウンしてくれませんか」と若い社員がいってきた。そのときに稲盛さん、まだ二十代半ばの若い青年がどういったか。半分同情しながら、こういったんです。

「みんな、エネルギー転移の法則というのを知っているか。エネルギーというのは一定のところで安定しているんだ。このエネルギーがもっと高いところへ行くには、ものすごいエネルギーがいる。でも、高いところまで行ってしまえば、また同じように安定するんだ。だから、今はしんどいけど、もう少し頑張ろう。我われのボロ会社が京都で一番になるためには、もっとエネルギーがいるんだ。だからみんなこのままの調子で頑張ろう」

その言葉を聞いて、若い社員は発憤するんです。そうやって京セラという会社は今日まで走り続けているんです。

二十六、七歳のとき、稲盛さんはこういう指導をする。徹しているんです。私なら、かわいそうだからちょっとペースダウンしようかといってしまいます。稲盛さんはいわない。徹しきっている。こういう姿勢が大事なんです。

人の二十倍努力せよ

これは経営だけの話じゃないですよ。この間、安岡正篤先生の本を読んでいて、私は唸りました。多分、安岡先生が四十代の頃にどこかで話をしたときの言葉だと思います。

こういわれています。

「万物の霊長たる人間には、如何なる霊妙な能力があるか計り知れないのである。修養のしかたによっては、人間にはいかなる能力があるかわからぬほど貴い。研究すればするほど、人間の美質は発見せられ能力が発揮せられるのである。学校の成績は平均点が三十点でも四十点でも、それで己《おのれ》は駄目だと考えてはいけない。大いに有為有能の人材となる大理想を持ち大努力をせねばならぬ。

大努力をなすには、当然自ら苦しまねばならぬ。苦しんで開拓したものでなければ本物ではない。人並みの努力をしたのでは秀《すぐ》れた者にはなれない。

秀れた者となるためには、人の数倍の努力と苦労をしなければならない。人の寝るところは半分にし、人の食うところは半分くらいにしても、努力するところは人の十倍も二十倍もやるだけの元気がなければならぬ。

二十歳前後や三十歳前後は、いくら力《つと》めても疲労などするものではない。心身ともに旺盛《おうせい》な時である。まかり間違って病気になったり死んだりすれば、その時は天命と諦《あきら》めるのである。学徒が学問のために死ぬのは本望ではないか」

安岡先生が若い頃にどのような研鑽《けんさん》を積んでこられたかを髣髴《ほうふつ》とさせる言葉です。これぐらいの覚悟でなかったら、人間の持っている天真は発揮できないということでしょう。

道元というお坊さんがやっぱり同じようなことをいっています。道元はこういっています。

「設《たと》ひ発病して死すべくとも、なほただ是れを修すべし。病ひ無ふして修せず、此の身をいたはり用ひてなんの用ぞ」

たとえ発病して死んでも、なお仏道の道を究《きわ》めていけ。病気でもないのに修養もせず、自分の体をいたわって、その体を何の役に立てようというのか、と。

激しい言葉です。これが「徹する」ということ。こういうものがない限り、その人の天真は発揮されてこないんです。

人生の契約社員になるな

みなさんは昔、虫眼鏡を太陽にあてて紙を燃やしたことがあるでしょう。

太陽があって、虫眼鏡があって、紙があって、焦点を合わせたら燃えますね。でも、焦点をグラグラさせていると、何時間やったって燃えないでしょう。厚い紙なら、ちょっと長く、じーっと焦点を絞り込まないと燃えませんね。

これが「徹する」ことなんです。太陽の熱で紙が燃えるのは物理現象ですけれど、いろいろなことを人間に教えているんですよ。フラフラして中途半端にしていたら、人間も絶対に燃えてこないんです。多くの人がみんな中途半端で終わってしまうんです。徹しない限り、人間の真性は輝いてこない。

安岡先生はこういっていますね。

「いかにすればいつまでも進歩向上していくことができるか。第一に絶えず精神を仕事に打ち込んでいくということです」

これは「徹する」ということです。人間が七十になっても八十になっても九十になっても進歩向上していくための第一条件は、たえず精神を仕事に打ち込んでいくこと、徹することであると。

そしてこうもいっています。

「人間に一番悪いのは雑駁《ざっぱく》とか軽薄ということでありまして、（中略）これほど生命力・創造力を害するものはありません」

私は上智大学の渡部昇一先生と親しいんですね。渡部先生とこの間、ご飯を食べていたら、面白いことをいわれた。

「藤尾さん、僕のところで秘書を雇っているんだけど、うまくいかないんだよ。それで秘書が三、四回変わったんだけど、それでわかったことがある」

「先生、何がわかったんです」

「いや、それはね、契約社員の共通点がわかった。契約社員にもいろいろな方がおられるだろうから、一概にはいえないが、僕の雇った人たちは共通点があった」

「といいますと？」

「契約社員はいつも不満を生み出す。仕事を与えたら、こんなことがある、あんなことがあると不満を生み出す。

　そして、プラスアルファの仕事を嫌がる。自己犠牲をしない。これが共通点だ」

契約社員はいつも不満を生み出す。
プラスアルファの仕事を嫌がる。
自己犠牲をしない。

私はそれを聞いたときに、あっ、人生に対してそういう態度をとっている人もいっぱいいるな、と思いました。そして人生に対して、渡部先生のいわれるような契約社員になってはいけないと思いました。

人生に対して絶対に自己犠牲をしないし、プラスアルファを嫌がるし、あらゆる事象の中に不満を生み出していく。

そういう姿勢で人生に臨んでいる人は人生からもその姿勢以上の

実りを得られなくなるだろうと思うのです。
だからみなさん、そういう人生を送ったら駄目なんですよ。

求めようとしない者には何もできない

『論語』の中にこういう言葉があります。

「苗《なえ》にして秀《ひい》でざる者《もの》あり。
秀でて実《みの》らざる者あり」

これ、いい言葉ですね。学問を始めても苗のままでいつまでも穂を出さない者がいる。せっかく穂を出しても少しも実らない者がいる。

孔子にはお弟子さんが三千人ぐらいいたといいます。それを孔子はじーっと観察していたわけですよ。

その結果として、一所懸命いろいろなことを教えるのに、苗のままでいつまでも穂を出さない奴がいるな、穂を出しても実を結ばない奴がいるな、といっているんです。

孔子の時代からそうなんですね。

また、別のところで孔子はこういっています。

「之《これ》を如何《いかん》せん、之を如何せんと曰《い》わざる者は、吾《われ》之を如何ともする末《な》きのみ」

どうしたらもっと自分を向上させることができるか、どうしたらもっともっと自分を磨くことができるかと真剣に求めてこない人間は、この自分でもどうすることもできませんよ、と。

自分の中に求めてくるものがない人間は、孔子が百万言費やしても、あるいはキリストが一千万言費やしても、伸びてこない。それが現実です。

燕《つばめ》の話というのがあります。

燕は夏になるとやってきて、冬になる前にまた南方に帰っていきます。帰るときは、日本で生まれた子燕を連れていきます。

大海を渡るためには、子燕の間に、要するに日本にいる間に力をつけさせなくてはいけない。力をつけさせないと、大海原を渡っていく途中で落ちて溺《おぼ》れて死んでしまう。実際にそういう子燕もいるんですね。

親燕は一所懸命励ますけれど、子燕を背負っては飛べません。自分で飛んでもらうしかないんです。親燕ができるのは、子燕の間に大海原を越えていくだけの力をつけさせることだけなんです。

これは人間も同じです。

親も、先生も、みなさんを背負って人生という大海を渡れないんです。みなさんが自分でその大海を飛んでいくだけの力をつけていかなければいけない。

だから、学ぶときには真剣に学ばなければいかんということなんです。

二つの人生法則

最後に、二つの法則について話しておきます。

一つ目の法則は「人を幸せにする人が幸せになる」。自分を修めていない人は絶対に人を幸せにできません。自分の心が安定していない人は絶対に人を幸せにできない。

二つ目の法則は「人に事《つか》うるを知る者にして、然《しか》る後に以て人を使うべし」。

どういう意味かといいますと、人によく事える者にして初めて人をよく使うことができるといっているんです。

これは本当にそうですよ。

いい社長というのは、人に一所懸命事える者です。その人にして初めて人をよく使うことができる。

今のみなさんの立場でいえば、一所懸命、上の人に事えきらなくてはいけません。その姿勢の中からいろいろなことを学んでいくんです。

もう一つ、松下幸之助さんの言葉をみなさんにプレゼントします。松下幸之助さんはこういっていますね。

「勤勉努力の習性を身につけよう。その習性こそ、終生自分の身体から離れぬ貴重な財産である」

みなさん、どんなにあぶく銭を稼いでも意味はないですよ。それよりも勤勉努力の習性をぜひ身につけていってもらいたいなあと思います。

誠こそ人生経営の要

さて、ほんとに最後です。今までいった話も、これができなかったらなんの意味もないんです。『論語』の中にこんな言葉があるんですね。

「詩三百、一言《いちげん》以《もっ》て之《これ》を蔽《おお》う、曰わく、思い邪《よこしま》なし」

『詩経』という本には三百の言葉・文言が載っている。その三百の言葉を一言で要約すればどうなるかということなんです。それは、

「曰わく、思い邪なし」

であると。

邪な思いがない、邪悪な考え方がない。いいかえれば、**「誠実、誠意」**というものが一番大事だというんです。

『詩経』という本が約三百編を費やしていっているのは、誠実、誠意が一番大事なんだということ。

これは何も『詩経』だけではありません。中国の古典を全部集めても、その内容を一言でいえば、「思い邪なし」です。人間にとっ

て一番大事なのは誠意誠実、それ以外にないといっているんです。修身、自分の身を修めるとは、誠実ということなんです。誠実でない人が、どれだけ努力勤勉しても駄目です。

「誠は扇の要《かなめ》」という言葉があります。うまいことといいますね。扇というのは要がついているから扇になっている。要を外したらバラバラになってしまうでしょう。

人間にとって、扇の要にあたるのが誠というものなんです。扇が要を外したらバラバラになるように、人間から誠というものを取ってしまったら、いくら徹しても何も意味がない。だから最後は、人間にとって一番大事なのは誠だというんです。

自分の人生の根底、心の深いところに、人を出し抜いてやろうというような気持ちがあれば、必ずお返しがくる。今はよくても、十年後、二十年後、三十年後に必ず返ってくる。冒頭にお話しした「冥冥の志なき者は」の逆の現象が起こってくるんです。

だから「思い邪なし」でなくてはいけない。

「誠」を根底において、みなさんには人生の経営にあたっていただきたいなということを最後にお伝えして、おしまいにします。

ありがとうございました。

あとがき

本書に収められた話は縁あって、いくつかの会社の若い社員のみなさんを対象に話をさせていただいた講話録をもとにまとめたものです。

本書を『小さな経営論』としたのは、人生もまた経営であると思うからです。

私たち一人ひとりが無数無限の先祖に支えられ、かつ六十兆もの細胞を率いるリーダーでもあります。天から与えられた六十兆の細胞を総動員して、いかに自分をつくりあげていくか。そして、人生の大海を漕ぎ渡っていくのか。

その工夫努力のあり様が人生の幸・不幸につながっていきます。

まさに、人生は経営そのものだという思いを禁じ得ません。

そして、もう一つ大事なこと。それは自分の人生は自分がオーナー経営者である、ということです。自分の人生の経営は誰も代わってくれません。人は誰でもみな一様に、自分の人生のオーナーなのです。

その自覚のもとに、実りある人生を構築していってほしいと願わずにはいられません。

最後に、孔子は「述べて作らず」（古人の残した教えを述べるだけで、自分で新しい説を作っているわけではない）といっていますが、本書も筆者が『致知』の取材を通して出会った多くの先達の話から深く感銘を受けたことを形にしたものだということをお伝えしておきます。

本書を手にされたみなさまの人生にいささかでも益するものがあれば幸いです。

平成二十一年四月桜満開の日に

藤尾秀昭

小さな経営論
——人生を経営するヒント——

平成二十一年四月三十日第一刷発行
令和七年四月十日第九刷発行

著者　藤尾秀昭
発行者　藤尾秀昭
発行所　致知出版社
〒150-0001東京都渋谷区神宮前四の二十四の九
TEL（〇三）三七九六—二一一一
印刷・製本　中央精版印刷

ISBN978-4-88474-848-7 C0095
ホームページ　https://www.chichi.co.jp
Eメール　books@chichi.co.jp

いつの時代にも、仕事にも人生にも真剣に取り組んでいる人はいる。
そういう人たちの心の糧になる雑誌を創ろう――

『致知』の創刊理念です。

私たちも推薦します

王 貞治氏　福岡ソフトバンクホークス取締役会長
『致知』は一貫して「人間とはかくあるべきだ」ということを説き諭してくれる。

鍵山秀三郎氏　イエローハット創業者
ひたすら美点凝視と真人発掘という高い志を貫いてきた『致知』に、心から声援を送ります。

北尾吉孝氏　SBIホールディングス代表取締役会長兼社長
我々は修養によって日々進化しなければならない。その修養の一番の助けになるのが『致知』である。

千 玄室氏　茶道裏千家第十五代・前家元
現代の日本人に何より必要なのは、しっかりした人生哲学です。『致知』は教養として心を教える月刊誌であり、毎回「人間を学ぶ」ことの意義が説かれています。

道場六三郎氏　銀座ろくさん亭主人
私にとって『致知』は心の支え。『致知』は「人生航路の羅針盤」であり、そのおかげで安心して日送りが出来ます。

致知出版社の人間力メルマガ（無料）　人間力メルマガ　で　検索
あなたをやる気にする言葉や、感動のエピソードが毎日届きます。

安岡正篤シリーズ

いかに生くべきか ―東洋倫理概論―
安岡正篤 著

若き日、壮んなる時、老いの日々。それぞれの人生をいかに生きるべきかを追求。安岡教学の骨格をなす一冊。

定価／税別 2,600円

日本精神の研究
安岡正篤 著

安岡正篤版『代表的日本人』ともいえる一冊。本書は日本精神の神髄に触れ得た魂の記録と呼べる安岡人物論の粋を集めた著作。

定価／税別 2,600円

王道の研究 ―東洋政治哲学―
安岡正篤 著

真の国士を養う一助にと、東洋政治哲学を究明し、王道の原理を明らかにした渾身の一書。

定価／税別 2,600円

人生、道を求め徳を愛する生き方 ―日本精神通義―
安岡正篤 著

かつて日本人が持っていた美質を取り戻すために、神道や仏教などの日本精神の源流とその真髄を学ぶ。

定価／税別 2,000円

経《けい》世《せい》瑣《さ》言《げん》 総論
安岡正篤 著

人間形成についての思索がつまった本書には、心読に値する言葉が溢れる。安岡教学の不朽の名著。

定価／税別 2,300円

人物を修める ―東洋思想十講―
安岡正篤 著

仏教、儒教、神道といった東洋思想の深遠な哲学を見事なまでに再現。安岡人間学の真髄がふんだんに盛り込まれた一冊。

定価／税別 1,500円

活学講座 ―学問は人間を変える―
安岡正篤 著

安岡師が若き同志に語った活学シリーズの第一弾。現代の我々の心にダイレクトに響いてくる十講を収録。第二弾『洗心講座』、第三弾『照心講座』も合わせて読みたい。

定価／税別 1,600円

青年の大成 ―青年は是《かく》の如《ごと》く―
安岡正篤 著

さまざまな人物像を豊富に引用して具体的に論説。碩学・安岡師が青年のために丁寧に綴る人生の大則。

定価／税別 1,200円

易と人生哲学
安岡正篤 著

『易経』を分かりやすく解説することで、通俗的運命論を排し、自主的、積極的、創造的に人生を生きるための指針を示す。

定価／税別 1,500円

安岡正篤一日一言
安岡正泰 監修

安岡師の膨大な著作の中から金言警句を厳選。三六六のエッセンスは、生きる指針を導き出す。安岡正篤入門の決定版。

定価／税別 1,143円

人間学シリーズ

修身教授録
森信三 著

国民教育の師父・森信三先生が大阪天王寺師範学校の生徒たちに、生きるための原理原則を説いた講義録。

定価／本体2,300円

家庭教育の心得21
母親のための人間学
森信三 著

森信三先生が教えるわが子の育て方、しつけの仕方。20万もの家庭を変えた伝説の家庭教育論。

定価／本体1,300円

父親のための人間学
森信三 著

父親人間学入門の書。「父親としてわが子に残す唯一の遺産は、『人間としてその一生をいかに生きたか』である」

定価／本体1,300円

現代の覚者たち
森信三・他 著

体験を深めていく過程で哲学的叡智に達した、現代の覚者七人（森信三、平澤興、関牧翁、鈴木真一、三宅廉、坂村真民、松野幸吉）の生き方。

定価／本体1,400円

生きよう今日も喜んで
平澤興 著

今が楽しい。今がありがたい。今が喜びである。それが習慣となり、天性となるような生き方とは。

定価／本体1,000円

人物を創る人間学
伊與田覺 著

95歳、安岡正篤師の高弟が、心を弾ませ平易に説いた『大学』『小学』『論語』『易経』。中国古典はこの一冊からはじまる。

定価／本体1,800円

『論語』に学ぶ人間学
境野勝悟 著

『論語』がこんなにも面白く読める！『論語』本来のエッセンスを集約。人生を支える実践的な知恵が散りばめられた書。

定価／本体1,800円

日本のこころの教育
境野勝悟 著「日本のこころ」ってそういうことだったのか！

熱弁二時間。高校生七百人が声ひとつ立てず聞き入った講演録。定価／本体1,200円

語り継ぎたい美しい日本人の物語
占部賢志 著

子供たちが目を輝かせる、「私たちの国にはこんなに素晴らしい人たちがいた」という史実。日本人の誇りを得られる一冊。

定価／本体1,400円

本物に学ぶ生き方
小野普也 著

安岡正篤、森信三、西郷隆盛など9人の先達が説いた人間力養成の道。テレビでも紹介され、話題に！

定価／本体1,800円